Yo soy
el rinoceronte

Aaron Carr

Visita nuestro sitio **www.av2books.com** e ingresa el código único del libro.

Go to www.av2books.com, and enter this book's unique code.

CÓDIGO DEL LIBRO
BOOK CODE

H807118

AV² de Weigl te ofrece enriquecidos libros electrónicos que favorecen el aprendizaje activo. AV² by Weigl brings you media enhanced books that support active learning.

El enriquecido libro electrónico AV² te ofrece una experiencia bilingüe completa entre el inglés y el español para aprender el vocabulario de los dos idiomas.

This AV² media enhanced book gives you a fully bilingual experience between English and Spanish to learn the vocabulary of both languages.

Spanish   **English**

Navegación bilingüe AV²
AV² Bilingual Navigation

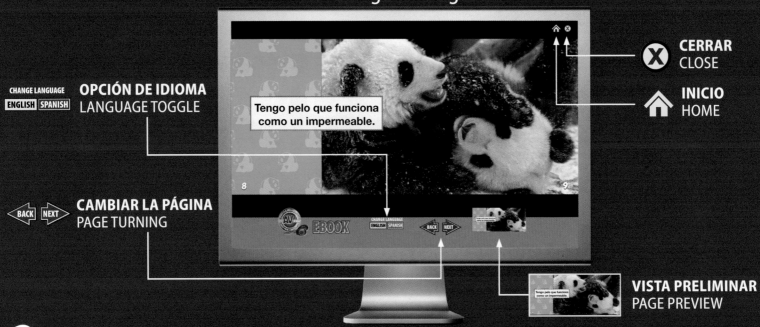

CERRAR CLOSE

INICIO HOME

CHANGE LANGUAGE
ENGLISH SPANISH
OPCIÓN DE IDIOMA LANGUAGE TOGGLE

Tengo pelo que funciona como un impermeable.

CAMBIAR LA PÁGINA PAGE TURNING

BACK NEXT

VISTA PRELIMINAR PAGE PREVIEW

Yo soy el rinoceronte

En este libro te enseñaré acerca de

- mí
- mi alimento
- mi casa
- mi familia

¡Y mucho más!

Soy un rinoceronte.

Soy el segundo animal más grande que vive en la tierra. Solamente los elefantes son más grandes.

Puedo correr 40 millas por hora.

8

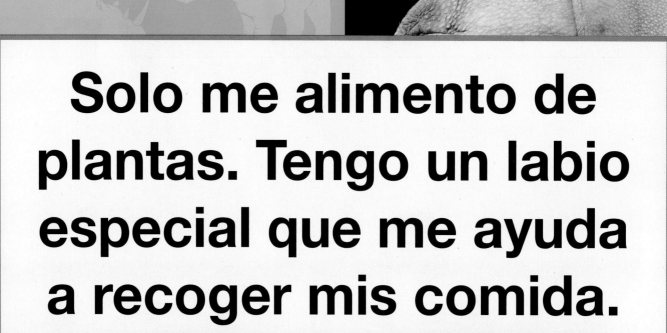

Solo me alimento de plantas. Tengo un labio especial que me ayuda a recoger mis comida.

Pesé casi 150 libras cuando nací.

13

Me quedé junto a mi madre por cuatro años. Luego me fui a vivir por mi cuenta.

Me revuelco
en el barro
para bañarme.

16

No puedo ver bien pero tengo una buena audición. Ataco cuando escucho ruidos.

Tengo un cuerno grande sobre mi nariz.

Soy un rinoceronte.

DATOS DEL RINOCERONTE

Estas páginas proveen información detallada que amplía los datos interesantes que se encuentran en el libro. Están destinadas a ser utilizadas por adultos como apoyo de aprendizaje para ayudar a los jóvenes lectores con sus conocimientos de cada animal maravilloso presentado en la serie *Yo soy*.

Páginas 4–5

Soy un rinoceronte. Hay cinco especies de rinocerontes. El rinoceronte blanco y el negro son originarios de África, mientras que el rinoceronte de Sumatra, el gran rinoceronte indio y el de Java se pueden encontrar en Asia. Los rinocerontes han vivido en la Tierra por más de 50 millones de años.

Páginas 6–7

Soy el segundo animal más grande que viene en la tierra. El rinoceronte blanco es el segundo animal terrestre más grande. Puede medir hasta 6 pies (1,8 metros) de alto hasta sus hombros y pesar hasta 7,920 libras (3.600 kilogramos). Los rinocerontes blancos tienen dos cuernos. El cuerno del frente puede medir hasta 5 pies (152 centímetros) de largo.

Páginas 8–9

Puedo correr 40 millas por hora. El rinoceronte negro puede correr hasta 40 millas (64 kilómetros) por hora. Los rinocerontes son conocidos por su tendencia a atacar cuando se sienten amenazados. Aunque suelen ser animales solitarios, a veces se reúnen en grupos pequeños. Los grupos de rinocerontes se llaman manadas.

Páginas 10–11

Como solamente plantas. Los rinocerontes son herbívoros. Los rinocerontes blancos son animales de pastoreo. Comen pasto. Los rinocerontes negros son ramoneadores, lo que quiere decir que se alimentan de las ramas de los árboles. Tienen labios superiores puntiagudos que les ayudan a tomar las ramas de los árboles y frutos. Los rinocerontes blancos tienen un labio cuadrado que los ayuda a comer pastos.

Páginas 12–13

Pesé casi 150 libras cuando nací. Las hembras dan a luz a una sola cría. La cría puede pesar hasta 150 libras (68 kilogramos) al nacer. Luego de dos horas de su nacimiento, la cría comienza a caminar. Sigue a su madre durante los primeros dos a cuatro años de su vida. La cría toma la leche de su madre durante este tiempo.

Páginas 14–15

Me quedé junto a mi madre por cuatro años. Entre los dos y los siete años de edad, la cría se va a vivir por su cuenta. Usualmente se ve forzada a irse cuando su madre da a luz a otra cría. A los tres años, la cría es casi tan grande como su madre. Los rinocerontes suelen desarrollarse por completo luego de siete años.

Páginas 16–17

Me revuelco en el barro para bañarme. Los rinocerontes tienen piel muy gruesa. Su piel es como una armadura. Puede medir hasta 0,5 pulgadas (1,3 cm) de grosor. Para mantenerse frescos en el calor, y como protección de las moscas y parásitos, los rinocerontes se bañan en tierra o barro. Se revuelcan en el barro cubriendo todo su cuerpo.

Páginas 18–19

No puedo ver bien pero tengo una buena audición. Los rinocerontes no pueden ver bien a más de 100 pies (30 metros). Tienen excelentes sentidos de audición y olfato. Pueden girar sus grandes orejas en la dirección del sonido. La cavidad nasal del rinoceronte ocupa más espacio en su cráneo que su cerebro.

Páginas 20–21

Tengo un cuerno grande sobre mi nariz. Las cinco especies de rinoceronte están en peligro de extinción. Los científicos estiman que la población combinada de todas las especies de rinoceronte es de aproximadamente 25.000 especímenes. La mayor amenaza para la supervivencia de los rinocerontes son los humanos. Los cazadores furtivos cazan y matan a los rinocerontes por sus cuernos.

¡Visita www.av2books.com para disfrutar de tu libro interactivo de inglés y español!

Check out www.av2books.com for your interactive English and Spanish ebook!

1 **Entra en www.av2books.com**
Go to www.av2books.com

2 **Ingresa tu código**
Enter book code

H807118

3 **¡Alimenta tu imaginación en línea!**
Fuel your imagination online!

www.av2books.com

Tengo pelo que funciona como un impermeable.

8

EBOOK

Published by AV² by Weigl
350 5th Avenue, 59th Floor New York, NY 10118
Website: www.av2books.com   www.weigl.com

Library of Congress Control Number: 2014933096

ISBN 978-1-4896-2111-5 (hardcover)
ISBN 978-1-4896-2112-2 (single-user eBook)
ISBN 978-1-4896-2113-9 (multi-user eBook)

Printed in the United States of America in North Mankato, Minnesota
1 2 3 4 5 6 7 8 9 0 18 17 16 15 14

032014
WEP280314

Project Coordinator: Jared Siemens
Spanish Editor: Translation Cloud LLC
Art Director: Terry Paulhus

Every reasonable effort has been made to trace ownership and to obtain permission to reprint copyright material. The publishers would be pleased to have any errors or omissions brought to their attention so that they may be corrected in subsequent printings.

Weigl acknowledges Getty Images as the primary image supplier for this title.